RODRIGO MANGA

GOVERNE SUA VIDA E TRANSFORME O MUNDO

A História do ex-dependente químico que se tornou prefeito de uma das cidades mais importantes do país.

GOVERNE SUA VIDA E TRANSFORME O MUNDO

A História do ex-dependente químico que se tornou prefeito de uma das cidades mais importantes do país.

EDITORA PALAVRA ETERNA
Rua Maria Moron Morad, 250
Sorocaba/SP
CEP: 18017-196
Telefone: (15) 3199-1030

Direção editorial: Eduardo Bortolossi

Coordenação editorial: Sirlange Frate Maganhato

Revisão Ortográfica: Camila Nascimento de Lima

Diagramação e projeto gráfico:
Ester Bortolossi

Impressão: EGB - Editora Gráfica Bernardi Ltda.

1ª Edição 2023 por Editora Palavra Eterna, Março de 2023, 20 mil cópias

ISBN: 978-65-992908-3-1

ENDOSSO

“Manga sempre foi um homem dedicado em tudo que faz, um marido, um filho e um pai muito parceiro, obstinado em alcançar seus objetivos em diversas áreas da vida. Sempre quando coloca algo em seu coração, que Deus entregou a ele, mesmo aos olhos humanos parecendo algo impossível de acontecer, ele vai lá, corre atrás e faz! Nunca duvidei de nada que falou que ia acontecer. Tenho muito orgulho e admiração deste ser humano, que julgo ser diferenciado, sendo disposto a ajudar ao próximo.”

Sirlange Frate Maganhato,
Esposa

“A vida, com meus mais de 70 anos, me deu muitas alegrias, e uma delas foi conhecer Rodrigo Manga, uma inspiração de fé, paz e alegria. Sinto sua força política como nunca visto antes em nossa cidade. E me orgulho muito de tê-lo como um filho.”

Fernando Martins da Costa Neto,
Vice-prefeito de Sorocaba

“Rodrigo Manga é uma pessoa incansável, perseverante, batalhador e acima de tudo trabalhador. Do pouco que já conheço, é o bastante para afirmar que, apesar de novo, ele tem muita história para contar. E esse livro é exemplo disso! Comeu o pão que o diabo amassou, venceu a luta contra as drogas e ingressou na vida pública. Hoje, é exemplo de político que ama a sua cidade, ama a sua gente e não mede esforços para alcançar objetivos. O homem não para nunca! Tenho certeza, ainda, que o futuro promissor dele trará outras tantas boas histórias!”

Carlos Roberto Massa,
Apresentador Ratinho

AGRADECIMENTOS

A Deus, aos amigos, a minha família e em especial ao meu pai Weber Maganhato Filho que se foi em 2022, e deixou um legado de perseverança e fé. Sempre foi um apoiador na política, enquanto estive de Vereador por oito anos, ele não faltou um dia sequer da sessão da Câmara Municipal de Sorocaba.

SOBRE O AUTOR

Rodrigo Maganhato, mais conhecido como Rodrigo Manga, nasceu no dia 31 de janeiro de 1980, em Sorocaba, interior de São Paulo. Filho de Weber Maganhato e Zoraide Batista Maganhato, irmão de Weber e Gustavo. É Casado com Sirlange Rodrigues Frate e pai de Giulia e Enrico.

Graduado em Marketing, Manga foi responsável por um projeto de comunicação totalmente diferenciado no ramo de vendas de automóveis em Sorocaba, o que rapidamente o tornou referência para o mercado não somente do município, como também de toda região. Empresário jovem e bem sucedido.

Acabou caindo no mundo das drogas, começando pelo consumo de álcool, maconha e outras drogas. Porém, foi a partir do seu envolvimento com o crack que Manga se enxergou literalmente no fundo do poço.

Em um dos seus piores momentos da vida, Rodrigo Manga chegou a perder muitos bens para conseguir manter seu vício. Viveu a destruição não somente dos seus negócios, mas também da sua própria família.

A recuperação veio por meio do caminho de Deus e da Fé. Ele conseguiu se libertar do vício e tornou-se missionário. Manga, então, deu início a um trabalho de recuperação dentro da própria igreja, para ajudar outras pessoas a deixarem o mesmo mundo do vício e das drogas, como ele conseguiu se livrar.

Em 2012, aos 32 anos, foi eleito vereador de Sorocaba, com 4.778 votos (sexto mais votado). Dentro da Câmara Municipal ergueu a bandeira do combate à dependência química, assumindo a Comissão de Dependentes Químicos. Lá, em 2013, realizou o primeiro levantamento sobre o crack da história de Sorocaba, quando revelou a existência de 10 microcracolândias na cidade. Esse número, num segundo momento, chegou a 52.

Entre os casos dramáticos encontrados e narrados por Manga, estava o de uma professora da rede municipal que deixava a escola para fumar crack; o de uma garota que se prostituía por R$ 3,00 para comprar pedra; e, o de uma mãe que trocou o filho por drogas. Manga ainda fundou o CADQ (Centro de Atenção ao Dependente Químico).

Uma iniciativa pioneira em Sorocaba, de apoio tanto aos dependentes químicos, quanto aos seus familiares, baseado em sistema terapêutico e alicerçado em princípios cristãos. Conta, inclusive, com cursos e palestras de orientação e capacitação, totalmente gratuitos.

Manga também passou a dar voz à população mais carente de Sorocaba, abrindo seu gabinete na Câmara e seu escritório, para atender centenas de pessoas por semana, ouvindo uma a uma, tentando ajudá-las da melhor forma possível.

Em 2016, foi reeleito vereador com a maior votação da história de Sorocaba (11.471 votos), o que possibilitou dar continuidade e ampliar o seu trabalho no município. Em 2017/2018 ainda foi eleito presidente da Câmara Municipal de Sorocaba.

No ano de 2020, lançou-se ao cargo de Prefeito de Sorocaba e foi eleito com 153.228 votos. Em apenas oito meses de mandato, mesmo em meio à pandemia, levou Sorocaba a ser considerada a melhor gestão do país, pelo prêmio Band TV, tornando-a atrativa para as empresas. O saldo de emprego, em 20 meses, foi um dos mais altos do Brasil, de acordo com os dados do Caged, do Ministério do Trabalho.

Todo esse empenho resulta, até agora, em 94% de aprovação da população da cidade quanto aos serviços prestados à frente do Poder Executivo.

Rodrigo Manga com a Primeira Dama de Sorocaba, Sirlange Maganhato

@rodrigomangaoficial
@sirlangemaganhato

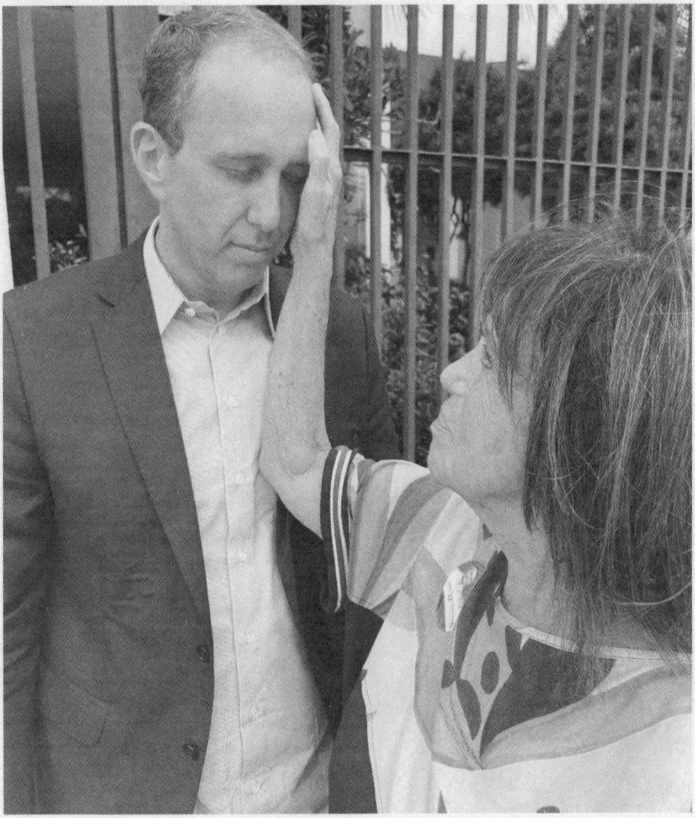

Rodrigo Manga e
sua mãe.

SUMÁRIO

01 Prefácio

03 Apresentação

09 A Infância

15 O Envolvimento com as Drogas

31 A Carreira Política

37 CADQ - Centro de Atenção ao Dependente Químico

59 Governe sua Vida e Transforme o Mundo

PREFÁCIO

Esse livro conta um pouco da minha história e como consegui superar as dificuldades de alguém que viveu no mais profundo abismo da dependência química e teve a possibilidade de dar a volta por cima, e superar todas as dificuldades.

Quero poder mostrar que é possível vencer. Quando usa a sua força, e uma vez longe dos vícios, para fazer o bem, para se dedicar na sua vida profissional, se cuidar, você consegue alcançar patamares que nem imaginava.

Sempre fui um apaixonado pela política, e com a ajuda de Deus temos alcançado vitórias atrás de vitórias com muita dedicação, potencializando toda aquela força que no passado usava de forma negativa, para fazer o bem. E isso tem impulsionado a alcançar milhares de pessoas no mundo, pois quando você governa a sua vida, rompe barreiras. Que essa leitura leve a você inspiração e motivação.

Lembrando que existe um Deus independentemente de religião que quando você faz a sua parte, Ele faz a Dele, para alcançar a sua vitória.

Rodrigo Manga

APRESENTAÇÃO

Eu, Rodrigo Maganhato, mais conhecido como Rodrigo Manga e popularmente apenas como "Manga", de forma simples e humilde desejo repartir com você a minha história de vida.

Meu real intuito não é fazer marketing pessoal acessível, até porque não é muito barato publicar um livro no Brasil, mas sim compartilhar que é possível recomeçar e como um ex-dependente químico, usuário de álcool, maconha, cocaína e crack, além de outras drogas, improvável aos olhos da família, dos amigos e da sociedade, pôde se tornar um instrumento de transformação, começando com a mudança de si mesmo, de dentro para fora.

É lógico que não sou perfeito e não quero em momento algum passar uma imagem de superioridade, até porque aprendi que um dos principais sinais de cura e superação de experiências amargas da vida é quando você consegue falar sobre o que viveu sem que aquilo cause dor e ressentimento.

Por isso quero apenas falar de uma maneira simples, direta e compartilhar minha história que tem algumas partes das quais não me orgulho nem um pouco e outras muitas boas, que também não me fazem sentir como o "suprassumo" ou "a última bolacha do pacote", como dizem por aí. De verdade, minha esperança é poder ajudar gente comum como eu a viver com grandeza e de forma relevante, independentemente de sua origem, condição social ou experiências ruins que enfrentou ao longo da vida.

Sinceramente, eu também espero que ao contar minha história, mais uma vez seja quebrado o mito de que pessoas simples, sem sobrenome ou lastro algum jamais podem se tornar líderes. Ao contrário, pretendo mostrar que além de liderar, é possível fazer a diferença, primeiro em seu mundo pessoal, depois em sua família e até em esferas maiores, no meio político, como foi o meu caso.

Em todo este processo aprendi três poderosas chaves que me ajudaram a abrir as portas para o recomeço e ressignificar a minha história. Ao longo do livro essas chaves vão aparecer o tempo todo, mas quero pincelar um pouco do que realmente me ajudou, até como um anúncio antecipado daquilo que você também pode viver em sua história.

A primeira coisa que considero como chave de mudança foi a **CORAGEM DE RECONHECER QUE PRECISAVA DE MUDANÇA**. Eu decidi parar de ficar sentado lamentando o passado, lambendo as minhas feridas e os desastres que o vício causou, e me levantei para viver algo novo. Eu realmente acreditei que existia algo novo para mim.

É claro que apenas reconhecer que precisa mudar, não resolve tudo automaticamente. Não é um botão que você aperta e tudo se resolve. E o que me fez acreditar nisso de verdade é a segunda chave da minha vida: **A CONEXÃO COM DEUS**. Foi a partir de uma experiência real com o Deus Pai, através da fé em Jesus Cristo, que eu descobri a minha verdadeira identidade de filho de Deus e acreditei que só Ele é poderoso para nos tirar do fundo do poço e escrever uma nova história em nossa vida.

Veja bem, de maneira alguma eu estou falando de religião A ou B. Quero afirmar com todas as letras que acredito que não é uma denominação religiosa e sim um relacionamento de amizade e obediência com Jesus Cristo que pode mudar a vida de um indivíduo, como mudou minha. Qualquer pessoa pode experimentar isso.

Você pode experimentar isso! E não é difícil e nem tem segredos ou regras religiosas muito complicadas. Basta abrir o coração, falar com Ele e segui-lo como a Bíblia Sagrada ensina.

A terceira chave de mudança na minha vida também está ligada com a segunda e foi a **CONEXÃO COM PESSOAS CERTAS**. Este relacionamento mais pessoal com Deus me ajudou a entender que se realmente desejava mudar de vida, precisaria romper com os laços de amizade com pessoas que também estavam no vício e construir novos relacionamentos com gente saudável, como o Pastor Valmir e minha amada esposa Sirlange, que foram fundamentais em minha superação. Mas não quero dar muito *spoiler* e preciso manter você comigo até o final. Garanto que vai valer a pena!

No mínimo você vai conhecer mais de perto e se inspirar com a história de alguém que saiu do escuro mundo da dependência química, construiu uma família e se tornou o vereador mais votado da história de Sorocaba e prefeito da quarta melhor cidade das Américas para investimento, segundo a revista internacional Foreign.

Rodrigo Manga
exercendo sua fé.

CAPÍTULO 1

A INFÂNCIA

Minha infância foi típica de uma família interiorana. Nascido em Sorocaba, interior de São Paulo em 1980, sou o filho caçula de Weber e Zoraide e tenho mais dois irmãos: Weber Junior, que é concursado da Câmara Municipal de Sorocaba e Luís Gustavo, que é professor da educação básica. Quando tinha três anos de idade eles se divorciaram e apesar das conhecidas sequelas e marcas que uma separação provoca numa família, meus pais sempre foram muito presentes.Como meu pai era metalúrgico e sempre teve bons cargos nas empresas em que trabalhou, a maior parte da infância morei no Centro de Sorocaba e bairro do Trujillo, além de Votorantim, cidade colada a Sorocaba.

A maior parte dos meus estudos foram em escola particular (Objetivo e Salesiano), mas também passei por escola pública, à noite, durante o período que moramos em Votorantim. Além disso, tive a oportunidade de fazer SENAI e, apesar de gostar bastante nunca me desenvolvi profissionalmente na área da indústria. Na verdade, desde pequeno gostava de política, frequentava comícios e me lembro de pedir para minha mãe cortar meu cabelo igual ao do Collor (ex-presidente do Brasil).

SENAI

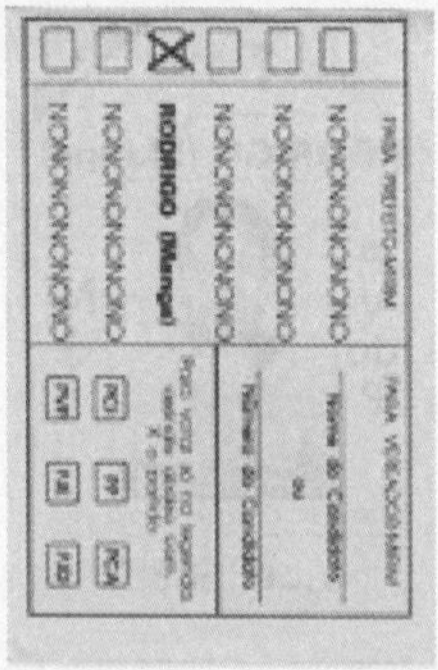

Inclusive em um ano eu me candidatei para concorrer a prefeito mirim do Colégio Objetivo, mas não ganhei. Fiquei em terceiro lugar.

Foi exatamente nesta transição da infância para a adolescência que as coisas mudaram na minha vida e, os caminhos que trilhei custaram bons anos de atraso e desperdício. Com 15 anos comecei a fazer uso de bebida alcoólica, a partir de um convite de um amigo.

Foi essa curiosidade que me fez mergulhar em tudo isso. Na maioria dos casos é assim. Um amigo próximo que oferece, você fica curioso, não quer decepcionar e o caminho foi aberto. Longe de mim querer jogar a responsabilidade e culpa em cima do amigo que me ofereceu. Até porque, eu sempre achei bonito pessoas que fumavam, bebiam e isso aguçava o desejo de conhecer essas coisas, ou seja, o consumo de substâncias químicas. O álcool e o cigarro foram as portas de entradas, mas infelizmente não parei por aí e por pouco minha vida não acabou em destruição total, incluindo a minha família, como vemos em muitos casos espalhados pelo país.

Não é um assunto fácil de contar, mas necessário. Eu sempre falei disso abertamente. Como hoje sou uma pessoa pública, essa parte da dependência é conhecida por todos na cidade e, inclusive, foi muito usada pelos meus adversários políticos nas campanhas em que participei.

Realizei trabalhos junto aos dependentes mas, tirando uma entrevista que chegou a ser publicada, será a primeira vez que escrevo abertamente sobre isso.

Sei que faz parte da minha jornada diária de recuperação e tenho a grande esperança de que a minha história possa ajudar alguém a sair do mesmo buraco que um dia eu entrei, e outros a sequer passarem perto do que eu vivi.

Vamos a parte difícil...

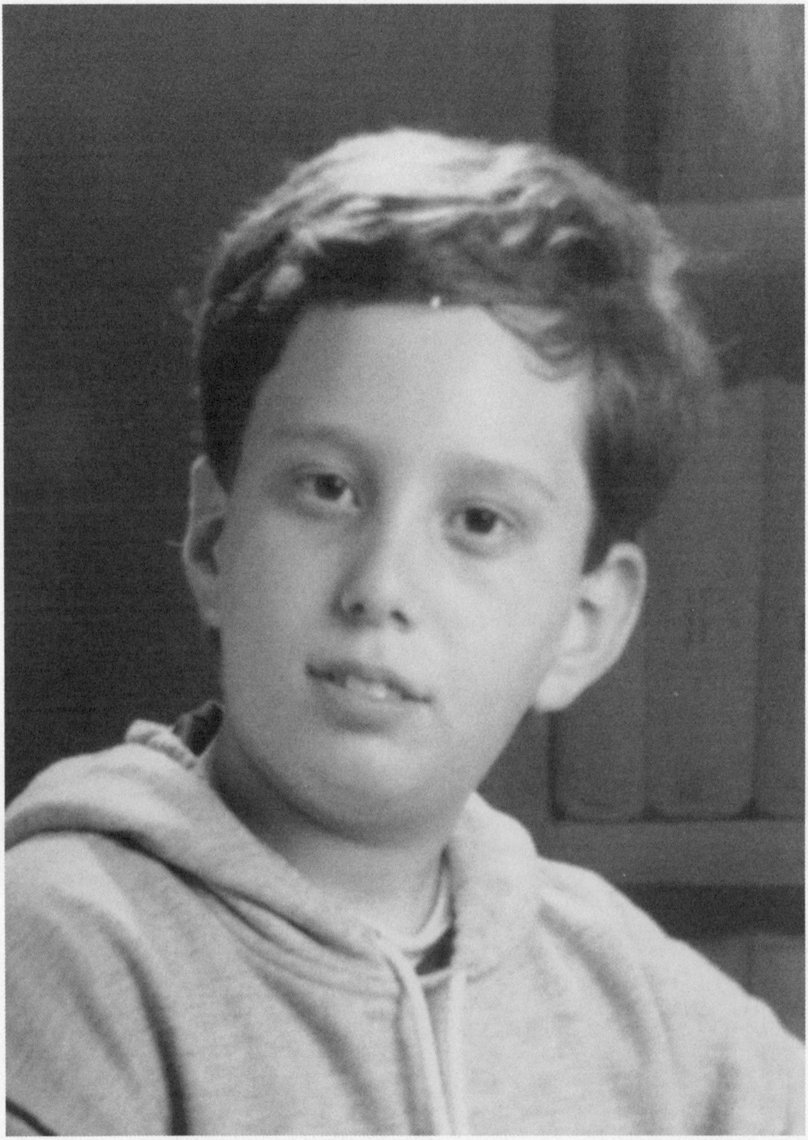

Rodrigo Manga em sua infância.

CAPÍTULO 2

O ENVOLVIMENTO COM AS DROGAS

Como falei, no meu caso, a porta de entrada para o uso de drogas foi a bebida alcoólica. Comecei a beber com quinze anos de idade. Em pouco tempo não tinha mais controle e me tornei compulsivo.

Foi numa viagem para Porto Seguro/BA que experimentei pela primeira vez a maconha, oferecida por um amigo. A partir daí a coisa só piorou. Dos quinze aos dezoito anos eu não comprava maconha, mas sempre usava quando estava com os amigos que também eram dependentes.

Ainda menor de idade comecei a trabalhar como office-boy na loja de automóveis do meu padrasto, que ficava na Rua Sete de Setembro.

Nesta loja havia um vendedor muito bom e eu gostava de observar como ele trabalhava. E foi em um sábado, quando a loja estava muito lotada que me pediram para atender um senhor que estava esperando. Muito bem, eu atendi e consegui vender um carro à vista para ele.

Foi ali que descobri minha aptidão para trabalhar com vendas, comecei a me destacar e ficava atendendo na loja na hora do almoço dos vendedores. Ironicamente, foi exatamente neste ambiente que eu estava tendo algum sucesso que desci mais um degrau no perigoso mundo das drogas. Com dezoito anos experimentei a cocaína, colocada em um manual de carro e distribuída por um amigo a todos que estavam por lá.

Eu gostei daquela sensação e passei a fazer uso de cocaína moderadamente. Como eu já ganhava meu dinheiro, tinha condições de manter o meu vício e a dependência progrediu tanto, que sem perceber, eu já usava todos os dias. Nesse meio tempo, a loja de carros em que trabalhava fechou. Tive a oportunidade de me tornar gerente de um outro estabelecimento do mesmo ramo e logo depois virei dono de loja de automóveis em sociedade com outra pessoa.

O sucesso profissional continuava a todo vapor e com vinte e um anos de idade, eu tinha quarenta carros quitados e trezentos mil reais na conta bancária. Nessa época estava no auge da dependência em cocaína, mas ainda conseguia conciliar o trabalho, usar drogas e viver. Ou pensar que estava vivendo.

Mas o vício foi ficando tão forte que eu

ia pegando as drogas com o traficante durante o mês inteiro e no final chegava a dar um carro para pagar a dívida acumulada naquele mês. Foi no meio de tudo isso que nasceu a minha amada filha Giulia, fruto de um namoro. Cheguei a casar com a mãe dela, mas durou apenas um ano. Eu nunca precisei roubar para comprar drogas porque sempre trabalhei e ganhava um bom dinheiro.

Porém, cada vez me afundava mais no vício, passei a usar durante o trabalho e a empresa começou a ficar de lado, porque eu não dava mais conta de tudo.

Normalmente é assim: o viciado pensa que controla, dá conta de tudo, mas a verdade é que o vício é que assume o controle e você fica totalmente subjugado, dependente daquilo.

O resultado dessa loucura você já sabe. A empresa quebrou, todos os carros foram para pagar as dívidas e ainda fiquei com muitas pendências. Perdi o nome, conta no banco, carros. Literalmente tudo! Passei a procurar moedas para pagar o condomínio de casa.

O prejuízo do uso de drogas é terrível e

afeta tudo. Mergulhado neste mundo sombrio dos vícios eu também sofri dois acidentes gravíssimos de carro. Dei PT (perda total) em dois carros e no primeiro acidente, estava indo comprar drogas e perdi o controle do veículo.

O segundo acidente foi com o carro da minha mãe, em uma rodovia. Saí de uma balada com uma garota e enquanto eu usava droga, bati o carro. Foi assustador e tiveram que cerrar o veículo para me tirar. Precisamos ser levados de resgate para o hospital e você pode imaginar que além dos prejuízos materiais, o tanto de dor de cabeça que causei à minha família e pessoas que estavam a minha volta.

Como já falei anteriormente, com a perda da empresa precisei recomeçar profissionalmente e enfrentava o momento mais difícil da minha vida.

Foi emprestando a conta da minha mãe que comecei a ir para outras cidades da região para comprar carros, vender em Sorocaba e assim levantar algum dinheiro. Não foi nada fácil! Através desses “rolos” que fui sobrevivendo e lidando com o tempo mais difícil da carreira profissional.

Passados alguns meses uma pessoa permitiu que eu colocasse uns carros na loja e isso também me ajudou um pouco. Neste estágio, eu também já usava crack e vivia sem controle e sem limites, mesmo assim vejo a mão de Deus cuidando de tudo.

Um outro conhecido, que sabia da minha expertise para a venda de carros abriu uma nova loja e me convidou para ser o gerente.

Era a oportunidade que eu precisava para me levantar financeiramente e realmente foi o que aconteceu. Eu vendia cerca de quarenta carros por mês e tinha um salário de vinte e cinco mil reais.

Como eu estava me dando bem, tive a chance de gerenciar a maior loja da rede dessa pessoa que havia me contratado. Sem dúvida era um tempo de crescimento na minha carreira. Tudo parecia resolvido, mas a grande questão é que eu continuava no uso contínuo de drogas. Mesmo tentando disfarçar e levar as duas coisas juntas, mais uma vez fui derrubado pela droga. O vício não é algo que você consegue administrar. Essa é uma grande ilusão. Comecei a chegar atrasado na empresa, faltar por vários dias e o que aconteceu é que quase fui despedido, perdendo uma das melhores chances profissionais da vida.

Outra vez eu estava sem nada, corroído por dentro e por fora, seguindo ladeira abaixo e acumulando muitas perdas ao longo da vida. Foi no final deste ano de 2007, que as coisas começariam a mudar. Na verdade, primeiro piorou bastante para depois melhorar.

Era a festa de final de ano onde estava eu, minha mãe e minha filha, que tinha quatro anos. Eu estava com o pé quebrado e em determinada altura da festa decidi ir buscar droga numa balada que ficava próxima de onde estávamos.

Perdi o controle do horário e quando retornei para encontrar a família, a festa já tinha terminado e todos estavam muito decepcionados comigo. Foi neste momento que minha ficha começou a cair e percebi que realmente minha vida estava totalmente fora de controle e eu precisava sair de tudo aquilo o mais rápido possível. Como meu relacionamento com todo mundo estava muito desgastado e reconhecidamente oproblema era eu mesmo, decidi focar unicamente na minha recuperação.

Um pastor chamado Valmir, que hoje mora nos Estados Unidos, que sempre estava atrás de mim, falando para eu voltar para a Igreja, dizendo que poderia me ajudar a me libertar dos vícios e recomeçar a minha vida. Ele teve paciência comigo e foi perseverante, pois muitas vezes eu o via e evitava ou tentava me esconder. Agradeço a Deus porque o Pastor Valmir não desistiu de mim.

Mesmo resistente, decidi marcar um horário com ele para conversar e pedir ajuda. Porém, no dia anterior ao encontro marcado a coisa desandou e eu fiquei usando droga a noite inteirinha, não tendo a mínima condição de participar daquela conversa.

Eu sabia que precisava mudar e sair daquele mundo terrível do uso de drogas, mas não é fácil. A pessoa sabe que está destruindo a vida, a família e tudo ao redor, quer mudar, mas não consegue. Parece que uma força sempre puxa para baixo. Estava neste vai e vem e em nenhum momento o pastor desistiu de mim e realmente acreditava que poderia me ajudar a me libertar. Mais uma vez decidi me encontrar com ele e embarcar no processo de recuperação.

Muitos anos depois essa é a certeza que eu tenho: a libertação das drogas é um processo. Um longo e difícil processo, cheio de crises, períodos de abstinências e que a ajuda de outras pessoas é fundamental. Sei que em muitos casos as pessoas precisam de uma ou várias internações em clínicas para conseguir sair do vício e recomeçar a vida. Mas para mim foi um pouco diferente.

Depois de aceitar a ajuda do pastor Valmir, fui no primeiro encontro que aconteceu no Vale da Bênção em Araçariguama que era basicamente uma reunião de oração. A partir dali, decidi entregar totalmente minha vida a Deus e fiquei praticamente quatro meses "trancado" dentro da Igreja, buscando a Ele verdadeiramente e acreditando que pelo poder da fé eu conseguiria vencer aquele quadro devastador.

E aqui preciso fazer uma importante observação, inclusive porque hoje estou como chefe do poder público de uma das maiores cidades do Estado de São Paulo. O trabalho que as Igrejas cristãs fazem para recuperar pessoas e reinseri-las na sociedade é fantástico. Nenhum tipo de governo é capaz de fazer isso, nem com o uso de muito recurso e por tanto tempo como as Igrejas. É preciso reconhecer e elogiar! Foi este trabalho de pessoas sérias e que realmente acreditam no poder de Deus que me tirou do fundo do poço. Eu não precisei de internação em nenhuma clínica especializada e após este período intenso de cuidado comecei a dar os primeiros passos rumo a nova vida.

Veja bem, não estou desfazendo e muito menos desencorajando o trabalho das clínicas. Até porque reconheço que tem gente que só vai se recuperar através deste trabalho especializado. Cada caso é um caso e, inclusive, muitas clínicas terapêuticas para pessoas viciadas são mantidas e dirigidas por Igrejas e entidades cristãs.

Na minha situação não foi necessário, pois após quatro meses, eu já estava sem fumar e sem beber absolutamente nada. Desde então caminho desta maneira, em obediência e gratidão a Deus que me libertou e nunca mais tive contato com qualquer tipo de coisa que pode se tornar um gatilho para uma queda. Também sei que essa luta será até o final da minha vida e por isso confio na graça de Deus para me ajudar a vencer até o fim.

Logo após este período eu comecei a ajudar no projeto social da Igreja Mundial que trabalhava com dependentes químicos e, ao mesmo tempo, fui fazer um curso de marketing, que inclusive foi onde conheci a minha esposa.

Fazia alguns meses que eu não usava mais drogas e estava orando, pedindo a Deus que me ajudasse a encontrar uma esposa realmente enviada por Ele, com quem iria constituir família e que me ajudaria na batalha de reconstruir a vida depois de tantos desencontros.

No primeiro dia do curso eu cheguei atrasado e ela também. Quando nossos olhares se cruzaram eu já tive a certeza de que ela seria a mulher que eu estava pedindo a Deus.

Mesmo assim orei e pedi um sinal a Deus, pois precisava de uma mulher realmente temente a Ele. Tivemos alguns trabalhos em grupo e em um dos intervalos saímos para almoçar em um restaurante. A Sirlange e mais alguns do grupo foram no meu carro. No caminho, ela viu um CD de música cristã e perguntou: "Quem é evangélico neste carro?"

Eu entendi aquela pergunta como um sinal e a partir daquele momento começamos a nos aproximar. Passadas algumas semanas do curso, iniciamos o namoro e um ano depois nos casamos. Já temos mais de doze anos juntos e o nosso amado filho Enrico, que foi um presente de Deus nas nossas vidas.

Não posso deixar de reafirmar o que falei na apresentação do livro. A minha libertação dos vícios está totalmente ligada ao encontro com Deus e ao poder da fé, mas também na conexão com pessoas que foram chaves neste processo.

O Pastor Valmir e todos os demais pastores e líderes cristãos que me ajudaram muito e sempre oraram por mim e, principalmente, a minha amada esposa Sirlange, que como diz a Bíblia, tem sido uma mulher sábia que edifica a casa, e me ajudado em todas as outras áreas também. Sem dúvida eu não estaria onde estou se não fosse ela.

Neste mesmo período em que eu estava estudando apareceu uma oportunidade de trabalho paralelo na televisão em um programa de venda de carros. No início era apenas local, mas começou a crescer e atrair muita gente e contatos para o telefone, de forma que o programa expandiu e foi para várias redes de televisão como SBT, Globo e Record. A venda da loja saiu de sessenta carros para cento e sessenta por mês.

Giulia, Rodrigo Manga, Sirlange Manganhoto e Enrico

Novamente eu estava tendo uma oportunidade profissional que dava um excelente salário e condições de restaurar o meu antigo padrão de vida. Ao mesmo tempo em que o trabalho de vendas na TV crescia e me dava um excelente retorno financeiro, o projeto com dependentes químicos também avançava, exigindo mais tempo e maior dedicação.

De meados do ano de 2009 até dezembro de 2012 continuei trabalhando na TV e assistindo tanto as famílias como os dependentes químicos todas as terças, sextas e domingos. Foram quase três anos intensos ajudando as pessoas a saírem dos vícios.

Este era um projeto social da Igreja Mundial de Sorocaba, que somente neste período de dois anos ajudou mais de três mil pessoas com problemas de dependência química, além das outras demandas sociais e familiares que vem junto com o problema dos vícios.

E foi exatamente este projeto que me trouxe visibilidade na cidade e eu comecei a ser incentivado para me candidatar a vereador. Tanto a liderança da Igreja como o partido político me impulsionaram para iniciar na política, principalmente com a ideia de poder ajudar ainda mais pessoas e a cidade de Sorocaba no tratamento com dependentes químicos, que é um desafio enorme para qualquer cidade nos dias de hoje.

Como desde criança eu tinha o desejo de trabalhar na política, Deus nos conduziu e o sonho se materializou. Foi assim que entrei para a carreira política...

CAPÍTULO 3

A CARREIRA POLÍTICA

Como já falei, desde criança eu tinha uma aptidão para a política e gostava da área. Sempre pedia para minha mãe me levar aos comícios e até insisti com ela para cortar o meu cabelo igual ao do Collor (ex-presidente).

Quando o pessoal da Igreja me incentivou, aquele desejo renasceu e comecei a me preparar para mais uma mudança radical em minha vida.

Desta vez foi menos difícil devido a estabilidade financeira que eu havia alcançado novamente. Eu sabia bem o que era viver altos e baixos, principalmente porque havia perdido tudo por causa do vício.

A decisão era importante porque eu precisava deixar o trabalho e arriscar uma nova carreira que era totalmente imprevisível. Com isso, ser taxado de maluco era inevitável. Foi exatamente o que aconteceu!

O primeiro que me chamou de doido foi o patrão quando eu fui informar que estaria deixando o trabalho garantido para tentar ser vereador na cidade. Não era para menos, pois, se eleito, eu ganharia três vezes menos do que tinha naquela época.

Me lembro de um dia quando estava com dúvida se largava tudo para entrar na política, sem o apoio inicial dos nossos pais, fui conversar com a Sirlange e ela me disse: "Vamos olhar para o que Deus pode fazer em nossa vida!"

Assim, tive um ato de fé e, sem medo, em 2012 mesmo me filiei ao Partido Progressista.

Era uma campanha muito improvável porque não tinha recurso e fiz toda a diligência eleitoral apenas com seis ou sete pessoas.

Graças a Deus, na primeira eleição que participei fui eleito vereador da cidade de Sorocaba/SP com 4.778 votos.

Com 92% das urnas apuradas eu já estava eleito e fui o segundo mais votado do partido.

Na certeza de que foi o trabalho com os dependentes, sempre no meio do povo, atendendo as famílias mais necessitadas que eu alcancei essa vitória. Todo o meu primeiro mandato como vereador foi para intensificar ainda mais o atendimento à população e o socorro aos dependentes químicos.

Para quebrar o paradigma de que o político só aparece em época de eleição, comecei a atender na própria câmara. Isso causou muita confusão devido as filas enormes que se formavam, inclusive com os demais vereadores me acusando de oferecer benefícios, quando na verdade estava ouvindo as demandas da população e passando orientações.

Mudamos a estratégia para não causar confusão na Câmara Municipal e mesmo contrário à orientação dos velhos políticos que diziam que seria um “tiro no pé”, abri um escritório na Rua Sete de Setembro, onde atendemos mais de quarenta mil pessoas, considerando também todas as sextas e sábados em que eu visitava os bairros da cidade para verificar a real necessidade da população. Isso foi um sucesso do meu mandato, o que continuo fazendo até hoje como Prefeito.

Mas o meu sonho era continuar e impulsionar ainda mais o trabalho com os dependentes químicos e suas famílias, que eu já fazia na Igreja e que me ajudou a ser eleito como vereador.

Rodrigo Manga exercendo sua função.

CAPÍTULO 4

CADQ
Centro de Atenção ao Dependente Químico

E foi ainda no primeiro mandato que começamos a ver o grande sonho se realizar. Através de algumas parcerias, conseguimos criar o CADQ (Centro de Atenção ao Dependente Químico), que teve início na Rua Sete de Setembro, 311 – Centro, e logo nas duas primeiras reuniões ficou completamente lotado, precisando mudar para um novo local, situado na Av. Dr. Afonso Vergueiro, 1553, também no centro da cidade.

Em seis meses de trabalho, precisamos fazer outra mudança porque novamente o espaço físico não comportava a quantidade de pessoas que procuravam ajuda. Foi então que o CADQ se transferiu para outro lugar na Av. Dr. Afonso Vergueiro – Centro, onde continua até os dias de hoje, em um prédio de quatro andares.

O tratamento que o CADQ oferece é diferente de uma internação, ainda que saibamos que em muitos casos é exigido imediatamente. O processo começa quando o dependente aceita o tratamento e passa a receber ajuda através de palestras com psicólogos, terapia familiar, cursos de capacitação profissional para voltar ao mercado de trabalho assim que receber alta do tratamento, que dura cerca de nove meses.

Este procedimento é totalmente gratuito e a família do dependente químico também recebe um acompanhamento semanal para ajudar a lidar com o processo de recuperação.

Com a ajuda de Deus, o CADQ já atendeu mais de sete mil famílias e pode contar com muitas histórias de vidas completamente recuperadas e restauradas, como apresentamos na próxima página em algumas imagens.

Inclusive uma das minhas maiores conquistas é poder compartilhar o depoimento de pessoas, que como eu, também venceram as drogas e hoje tem uma nova história de vida. Só por eles, eu já diria que valeu a pena. Mas sei que Deus pode fazer muito mais!

Cito, por exemplo, o caso do Borel:

"Eu sou conhecido como Borel, tenho 46 anos de idade e minha vida foi completamente destruída pelo vício das drogas. Cheguei no fundo do poço e vivia sem nenhuma perspectiva. Foi o CADQ que me ajudou ser uma outra pessoa, um novo homem. Hoje minha vida está a mil maravilhas, aprendi a curtir as minhas filhas e posso estar ajudando as pessoas."

O caso do Leandro:

“Meu nome é Leandro, tenho 39 anos. Eu praticava esportes, morei no Chile, jogava bola, até que regressei ao Brasil, comecei a estudar e infelizmente foi pela curiosidade que experimentei as drogas. Ah! Foi terrível, perdi um casamento, bens materiais, mas, o que eu mais deixei foi a dignidade, o amor próprio, a confiança que os meus pais tinham e fiquei quase um ano sem escovar os dentes.

Atualmente o CADQ é a minha casa! Resgatei a minha dignidade, a vontade de viver. Hoje quero recuperar tudo o que perdi: gosto de passear, ver pessoas e aproveitar a minha família!"

O caso do Praxedes:

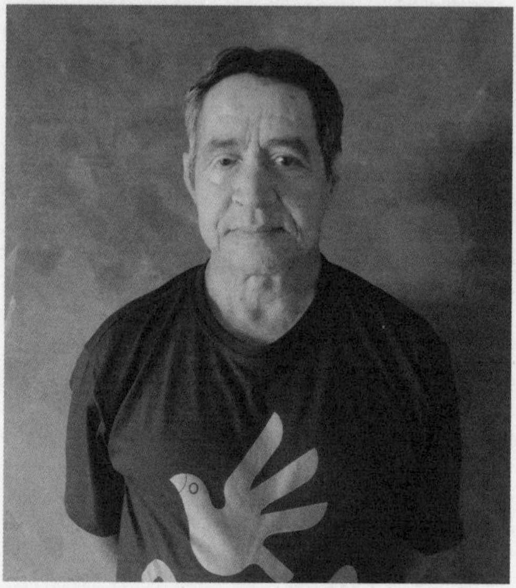

"Meu nome é Praxedes, tenho 63 anos e fiquei quarenta anos no vício do álcool. Tudo o que tinha em casa foi vendido para comprar bebida. Até alimento e gás de cozinha eu vendi para comprar álcool. Em 2018 uma vizinha escutou na rádio Cacique sobre o CADQ e contou para a minha irmã que me levou até lá. O CADQ foi como um pai que me ajudou na minha recuperação e até trabalho conseguiu para mim. Hoje estou recuperado, trabalhando e tendo uma vida nova."

Também o do Willian:

"Meu nome é William, tenho 36 anos e me envolvi com as drogas de 'gaiato' como se fala na gíria. Foi através de amigos, querendo fazer parte do grupinho que conheci e comecei usar. Perdi muitos momentos com minha esposa, filhos, pais e irmãos por estar sobre o uso das drogas. O CADQ foi um divisor de águas na minha vida. Lá descobri que realmente era um dependente e que não conseguiria sair do vício sozinho. Por isso que eu sempre digo: não entre nessa vida porque para sair é muito difícil. Eu queria a mudança e tive que admitir que precisava de ajuda e graças a Deus e ao CADQ, minha vida está se modificando."

E o do Cristian:

"Meu nome é Cristian, tenho 27 anos e comecei a usar drogas para fazer parte de um grupo de amigos em que todos usavam e eu não queria ser diferente. Por causa disso eu perdi amigos, vários empregos, relacionamentos, a confiança da minha família e a minha dignidade. Estava disposto até a perder a minha vida porque não acreditava mais em mim e que teria conserto. Foram a minha mãe e o CADQ que não desistiram de mim em momento algum. Eu era uma pessoa impulsiva, acelerada, arrogante, prepotente e que não sabia ouvir não. O CADQ me ajudou em relação ao meu comportamento, que era o que me

levava até a substância. Através dos doze passos que são ensinados e da ajuda dos psicólogos e psicanalistas, consegui controlar o meu comportamento e me livrar do vício. Hoje eu sou um milagre!"

Realmente reconheço que Deus nos abençoou muito no primeiro mandato como vereador e pudemos servir a população mesmo diante de tantos desafios.

Continuei minha jornada política e fui disputar a eleição para o segundo mandato como vereador, desta vez pelo partido Democratas.

A cidade de Sorocaba reconheceu o nosso trabalho e fui eleito como o Vereador mais votado da história da cidade até a data da publicação deste livro, com 11.471 votos. Em seguida, fui eleito o presidente da Câmara Municipal, por 17 a 3, mesmo sem o apoio do prefeito da época que tinha como candidato outro vereador.

Como presidente da Câmara ampliamos os atendimentos à população e criamos o "Câmara de bairro em bairro", projeto que levava os vereadores nos bairros aos sábados para ouvir as demandas da população e depois apresentar ao prefeito. Em parceria com os demais vereadores criamos "os arrastões", que era uma fiscalização na área da saúde e transporte. Sempre com foco na população de baixa renda e em vulnerabilidade social.

Foi como presidente da Câmara que também precisei dirigir os trabalhos num dos momentos de maior crise política da cidade, quando o prefeito brigou com a vice-prefeita e de forma generalizada com várias instituições. Houve envolvimento de toda mídia local e do Estado de São Paulo, com ampla publicidade envolvendo ministério público, imprensa e tudo mais.

A população estava desiludida e rejeitando muito a classe política e a partir daí começaram as especulações para ser eu candidato a deputado federal.

Mesmo tendo chances claras de ser eleito deputado federal, recusei e decidi me preparar para ser candidato à prefeito da cidade. Na pré--pesquisa o meu nome havia sido apenas citado.

Era muito difícil e até improvável ganhar a eleição. Até porque havia um preconceito por eu ser de uma Igreja Evangélica, não era rico e minha família não era conhecida na cidade. Mas como sempre confiei na direção de Deus e como Ele é especialista em fazer coisas grandes e novas através de pessoas improváveis, nunca achei que iria perder a eleição.

A bênção de Deus chegou e com quarenta anos de idade fui eleito prefeito no segundo turno com 153.228 (52,58%) dos votos válidos, pelo partido Republicanos. Também fui eleito presidente da região metropolitana de Sorocaba, que envolve vinte e sete cidades e mais de dois milhões de pessoas.

Reconhecendo acima de tudo a mão de Deus que tem conduzido a minha vida, após eleito fui ao Egito e subi no Monte Sinai para consagrar ao Senhor o nosso plano de governo.

Mesmo sabendo que seria muito difícil e que sofreria diversos ataques, além de toda a desconfiança, seguimos firmes escolhendo um secretariado bem técnico com o objetivo de tirar a cidade da estagnação em que se encontrava.

A luta é muito grande, o trabalho é de domingo a domingo, mas tenho a política como missão e propósito de vida, por isso temos alcançado tanto êxito em nosso governo.

Neste primeiro mandato como prefeito aumentamos o atendimento à população e toda primeira quarta do mês, juntamente com todos os secretários, atendemos uma média de mil pessoas. Continuo indo aos bairros para conhecer as demandas da cidade e com parcerias junto a iniciativa privada, temos colocado Sorocaba no lugar em que ela merece no Estado de São Paulo.

Essas são as razões de mais de treze pesquisas apontarem a aprovação do nosso governo por 94% da população sorocabana. Claro que com esses números a nossa responsabilidade aumenta, mas quero destacar os prêmios que temos recebido como reconhecimento do árduo trabalho. Preciso aproveitar para divulgar as coisas boas, pois para criticar e falar mal já tem muita gente.

Sorocaba é a cidade que mais cresceu seu orçamento percentualmente sem aumentar os impostos.

É a indústria que mais gerou emprego no Estado de São Paulo.

A revista inglesa "*Foreign Direct Investment Strategy*", do grupo Financial Times, classificou Sorocaba como a quarta melhor cidade das Américas para receber investimentos nos próximos anos, na categoria relação custo-benefício.

Ganhamos o "Prêmio de melhor prefeito e personalidade política" da região metropolitana de Sorocaba, pelo Portal RMS News.

A Revista "Isto É" fez uma pesquisa e colocou a Sorocaba como 13ª melhor para se viver do Brasil entre as cidades com mais de 200 mil habitantes.

“Prêmio Band Cidades Excelentes” como melhor gestão do Brasil na categoria cidades acima de quinhentos mil habitantes.

8º prêmio “Prêmio Networking de Melhor Prefeito” 2021 do interior paulista.

Em 2022, pela segunda vez consecutiva, Sorocaba ganhou o “Prêmio Band Cidades Excelentes” como melhor gestão do Brasil na categoria cidades acima de quinhentos mil habitantes.

É óbvio que os desafios são enormes e ainda encontramos muitas resistências para promover as mudanças que desejamos e a aplicação dos projetos que temos em nosso plano de governo.

Aliás, falando em desafios, preciso ressaltar que assumimos o governo em meio ao maior impacto que o mundo enfrentou nos últimos anos: o pico da pandemia da coronavírus.

Infelizmente, como em todo o mundo, tivemos muitas perdas, pelas quais lamentamos profundamente, mas não medimos esforços para socorrer as pessoas e diminuir ao máximo os danos causados por essa terrível doença.

Por exemplo, a Prefeitura de Sorocaba, durante o momento mais difícil da pandemia, ampliou os leitos Covid na cidade em quase 300%, além da criação de cinco Centros de Estabilização Covid para garantir o atendimento da população com leitos e respiradores.

Quanto a vacinação, nossa cidade teve todas disponíveis e foi uma das primeiras cidades do interior a receber a vacina contra Covid-19.

Foram quase 1,9 milhão de doses aplicadas (Covid-19) e a população adulta de Sorocaba é 100% contemplada com pelo menos uma dose da vacina.

Durante o momento mais crítico da pandemia, o município transformou 6 UBSs em Unidades Sentinelas Covid, para centralizar o atendimento de forma organizada a população, com o objetivo de otimizar os casos e não deixar de cuidar de outras enfermidades nas demais UBSs.

Além de importantes ações na área da saúde, durante a pandemia criamos a campanha “A fome não é fake” que atendeu mais de 60 mil pessoas com distribuição de alimentos, a fim de amenizar a grande crise econômica que atingiu as famílias.

Ainda falando sobre isso, quando a cidade começou reabrir, passamos a investir na retomada da economia, geração de empregos e parceria com novas empresas que estão chegando na cidade.

Mais uma vez os resultados vieram e Sorocaba conseguiu aumentar sua arrecadação sem ter incrementado nenhum imposto.

Nada na minha vida foi fácil e este primeiro mandato como prefeito está sendo realmente desafiador. Porém, o sonho continua o mesmo: transformar Sorocaba na melhor cidade do Brasil para se viver.

CAPÍTULO 5

GOVERNE SUA VIDA E TRANSFORME O MUNDO

Como já falei anteriormente, mesmo com capacidade e boa vontade algumas coisas me impediam de vencer na vida e ter a real felicidade. Com certeza, viver no submundo das drogas foi uma das razões desta paralisia em todas as esferas da minha vida, que eram totalmente afetadas pelo vício que começou na bebida, passou para o cigarro, pela maconha, cocaína e cheguei até a terrível e opressora droga chamada crack.

O que me fez virar a chave e mudar de vida naquela trágica virada de ano, foi um passo de fé. Eu decidi abraçar a fé em Deus, me arrepender e recomeçar.

Foi num sábado, em uma reunião de oração que decidi me entregar totalmente a Deus e crer que Ele me ajudaria a me libertar de tudo o que estava me prendendo naquela vida medíocre.

Sim, considero que este foi o primeiro passo para as mudanças reais que vivi. Não teria conseguido abandonar os vícios, sem internação clínica e sem uso de remédios, sem a ajuda de Jesus.

Realmente eu acredito que Deus tem poder para curar e libertar uma pessoa seja de qual prisão for. Isso aconteceu na minha vida e pode ser realidade na vida de qualquer um que se entregar totalmente e buscar ao Senhor Jesus.

O ser humano tem um grande vazio que só pode ser preenchido pela presença de Deus. Era esse vazio que me empurrava diariamente para as drogas como um escape. Claro que eu tive que enfrentar muitos "urubus que não acreditavam na minha recuperação e muito menos nas eleições que disputei, desde vereador, presidente da Câmara e prefeito. Era totalmente improvável, mas aprendi que a firmeza e perseverança em Deus sempre traz a vitória.

Como falei no início deste livro, me afastar de pessoas inadequadas e fazer novas conexões também foi fundamental para a minha cura e para essas vitórias na minha vida.

Infelizmente muitas pessoas que se aproximam de nós é para colocar para baixo, desviar o foco e impedir que cresçamos.

Até mesmo com o fenômeno das redes sociais, normalmente, nós damos mais atenção àqueles que nos empobrecem do que aos que nos empoderam.

Foi quando eu decidi deixar as amizades que só me faziam afundar ainda mais no mundo das drogas e construir conexões e relacionamentos novos com pessoas saudáveis que passei a acreditar em mim mesmo e, que com a ajuda de Deus eu venceria aquela terrível batalha da dependência química.

Mas antes de conquistas exteriores, precisei aprender a governar a mim mesmo, vencer meus impulsos e vícios para então começar a triunfar de verdade. É o que Salomão, o homem mais sábio e rico da Bíblia nos ensina:

"Melhor é o homem paciente do que o guerreiro, mais vale controlar o seu espírito do que conquistar uma cidade."
(Provérbios 16:32)

Depois de encontrar Deus de verdade e governar a mim mesmo, o segundo passo fundamental foi abraçar a minha missão de vida.

Um homem sem propósito, jamais fará nada relevante. Depois que me recuperei, a causa da dependência química virou uma missão de vida para mim.

Começamos a ajudar uma quantidade pequena de pessoas, depois isso cresceu e com a política, temos conseguido ampliar ainda mais essa ajuda as famílias vivendo o drama do vício nas drogas.

Como falei no começo, realmente entendo que a política é minha outra missão de vida. Não faço isso por causa do salário, do cargo ou qualquer coisa. Meu alimento diário é a missão de ajudar as pessoas e deixar algo melhor para a sociedade. É isso que me ajuda a não perder o foco.

Uma das coisas que mais faltam em nosso mundo, são pessoas guiadas por uma missão. Senso de propósito é que nos mantem firmes para transformar tudo o que está ao nosso redor.

Meu desejo é que este livro seja uma semente no seu coração. Eu peço que você não jogue fora o seu dom, sua capacidade e tenha como missão de vida governar a si mesmo e transformar o mundo!

REFERÊNCIAS BIBLIOGRAFICAS

PREFEITURA (Sorocaba/SP). Sorocaba passa a contar com mais 70 leitos Covid, intensifica fiscalização contra aglomerações e pede colaboração da população. Sorocaba/SP: SECOM, 10 jun. 2021. Disponível em: https://noticias.sorocaba.sp.gov.br/sorocaba-passa-a-contar-com-mais-70-leitos-covid/.

ALMEIDA JR, M. UPH Zona Oeste passará por reforma para ampliação de leitos Covid. Sorocaba: SECOM, 25 jun. 2021. Disponível em: https://noticias.sorocaba.sp.gov.br/uph-zona-oeste-passara-por-reforma-para-ampliacao-de-leitos-covid/.

ALMEIDA JR, M. Prefeitura de Sorocaba amplia leitos Covid na cidade. Sorocaba: SECOM, 10 jan. 2022. Disponível em: https://noticias.sorocaba.sp.gov.br/prefeitura-de-sorocaba-amplia-leitos-covid-na-cidade/.

ALMEIDA JR, M. Prefeitura de Sorocaba amplia novamente leitos Covid na cidade. Sorocaba: SECOM, 24 jan. 2022. Disponível em: https://noticias.sorocaba.sp.gov.br/prefeitura-de-sorocaba-amplia-novamente-leitos-covid-na-cidade/.

ALMEIDA JR, M. Prefeitura de Sorocaba amplia novamente leitos Covid nesta sexta-feira (28). Sorocaba: SECOM, 28 jan. 2022. Disponível em: https://noticias.sorocaba.sp.gov.br/sorocaba-amplia-novamente-leitos-covid-nesta-sexta-feira-28/.

ALMEIDA JR, M. População adulta de Sorocaba é 100% contemplada com pelo menos uma dose da vacina contra a Covida-19. Sorocaba: SECOM, 19 ago. 2021. Disponível em: https://noticias.sorocaba.sp.gov.br/populacao-adulta-de-sorocaba-e-100-contemplada-com-pelo-menos-uma-dose/.

ALMEIDA JR, M. Sorocaba terá seis UBSs 'sentinelas' para fortalecer o atendimento Covid a partir de segunda-feira (29). Sorocaba: SECOM, 25 mar. 2021. Disponível em: https://noticias.sorocaba.sp.gov.br/sorocaba-tera-seis-ubss-sentinelas-para-fortalecer-o-atendimento-covid/.